tous des k

La collection design&designer est éditée par
PYRAMYD ntcv
15, rue de Turbigo
75002 Paris France

Tél. : 33 (0) 1 40 26 00 99
Fax : 33 (0) 1 40 26 00 79
www.pyramyd-editions.com

Conception graphique du livre : Pierre Klipfel
Conception graphique de la couverture : Pyramyd ntcv
Portraits de la couverture : Ulf Andersen
Direction éditoriale : Michel Chanaud, Patrick Morin, Céline Remechido
Suivi éditorial : Marion Diez
Traduction : Gillian O'Meara
Correction : Nathalie Wallon-Bedjoudjou
Conception graphique de la collection : Super Cinq

ISBN : 2-910565-28-9
1er dépôt légal : 1er semestre 2003
2e dépôt légal : décembre 2003

Imprimé en Italie par Eurografica

tous des k

préfacé par marianne barzilay

OMBRE ET LUMIÈRE / SHADE AND LIGHT

« Ses mains s'abattirent sur mon estomac, et, une seconde, je crus qu'il allait me tuer, puis je réalisai qu'il me chatouillait » Stuart Kaminsky, *Moi, j'aime le cinéma*, *Série noire*, n° 1939.

CASTING

Ils sont quatre, tous *made in Marseille* : Stéphan Muntaner (a.k.a Moon 333), Didier Deroin (a.k.a Daarwin), Stéphane Lamalle (a.k.a Stew) et Thibaud La Selve (a.k.a Tib). À leurs débuts, quand personne ne les connaissait, tous des K aimaient à faire croire qu'ils étaient un gang… de filles. Un jeu avec les clichés, un parmi bien d'autres. Marseille n'est pas New York, mais, côté polar, la ville a de quoi rivaliser. Alors, tous des K s'amusent avec ces apparences de mafieux empruntées tout autant aux thrillers américains (*Scarface*, *Seven*, *Fight Club*) qu'au répertoire des vieux films français avec leurs barbouzes et leurs tontons flingueurs. Avec ce cinéma, ces légendes de gangsters *made in USA* et de caïds marseillais, ce folklore qu'ils savent s'approprier et tenir à distance, tous des K produisent des photos, des pochettes de disques, des affiches, des flyers, des clips, des films, des expositions, des sites Internet… Souvent sur fond noir.

"His hands came down on my stomach, and for a second, I thought he was going to kill me, then I realised that he was tickling me," Stuart Kaminsky, *Moi, j'aime le cinéma* (I love cinema), Série noire, No. 1939.

AUDITION

There are four of them, all "made in Marseille": Stéphan Muntaner (a.k.a. Moon 333), Didier Deroin (a.k.a. Daarwin), Stéphane Lamalle (a.k.a. Stew) and Thibaud La Selve (a.k.a. Tib). In the beginning, when no one had heard of them, tous des K liked people to think they were a gang – of girls. And they have never stopped playing with notions of image.

Marseille is not New York, but on the "thriller" front, the city's on a par with the Big Apple. So, the Ks have fun playing with their "mafiosi" appearance straight out of American movies like *Scarface*, *Seven* or *Fight Club*, and old French films full of secret agents and gangsters. tous des K have appropriated this folklore, albeit keeping it at a distance, and with this type of cinema, gangster legends "made in the US" and Marseille mob barons, they produce photos, album covers, posters, flyers, clips, films, exhibitions and websites, often against a black background.

PANORAMIQUE

tous des K sont là où on les attend. À Marseille, ville rebelle et lumineuse. Ici, il faut filtrer, se pro-téger des rayons, mettre des lunettes noires devant ses yeux, des rideaux à ses fenêtres, se ren-contrer au fond des cours ombragées, boire des mauresques à l'intérieur des bars. « Je vous ferai voir toutes les couleurs de la lumière », dit le port, quand Albert Londres le fait parler dans *Marseille, porte du Sud*.

D'accord, Marseille, ils aiment, ils y sont nés. Mais des clichés, point trop n'en faut. Pas question d'endosser le jogging du supporteur de l'OM, même s'ils connaissent les *Winners* et que leurs clients fréquentent le Stade Vélodrome les soirs de match. Pas envie de fanatiser à « tout craint », même s'ils apprécient l'ambiance du Bar des pêcheurs au coin de la rue. Loin de mener une vie bien tran-quilleu, de se la couler douce, les K sont sur la brèche, du genre fil du rasoir. Et s'ils revendiquent la fameuse fierté, c'est celle d'avoir réussi à créer et à travailler en province, là où ça leur chantait, et surtout celle du sursaut marseillais qu'ils ont contribué à impulser. Alors, ils sont prêts à gâcher leur soirée plutôt que de bâcler un boulot. Tendance polar.

PANORAMA

tous des K are there where you would expect to find them – in Marseille, France's luminous rebel city. Here, you need filters, to protect yourself from the light, wear dark glasses, put curtains in your windows, meet in shaded courtyards, drink Moresques (pastis with barley water and water) in bars. "I will show you all the colours of light," said the port, when Albert Londres invited it to speak in *Marseille, porte du Sud*.

OK, so they love Marseille, they were all born there. But let's avoid too many clichés. There's no question for the Ks of donning the jogging suits of the fans of OM, the Marseille football club, even if they *do* know the *Winners* and their customers *do* go to the stadium to watch the matches. They have no desire to be fanatical, even though they do appreciate the atmosphere of the Bar des Pêcheurs on the corner. Far from living a hum-drum life, or lazing around, the K are always on the go, on the razor's edge. And while they are indeed proud of being Marseillais, they are also proud to have succeeded in designing and working away from Paris, exactly where they felt like it, and above all, they're proud of the new lease of life in Marseille, which they contributed to unleashing. They are quite prepared to wreck their evenings rather than botch a job. Like in the thrillers.

DÉCOR (STUDIO)

Juste derrière le Vieux Port, le local sur rue manie lui aussi les profondeurs et la pénombre. Murs patinés, chargés d'usure et de vie. Un studio de design graphique façon brocante, avec des papiers et des objets en tout genre, des disques compacts en masse, des ordinateurs d'hier et d'aujourd'hui, des DVD coréens, des statuettes et des babioles tout droit sorties d'un grenier de légende. Ce bric-à-brac posé là comme pour le décor d'un film fait fonction de précieux entrepôt de stockage : on peut à loisir y puiser des idées, y piocher des accessoires qu'on place directement sous le scanner, y aspirer des matériaux qu'on reconvertit en images. Grâce à cette façon peu conventionnelle d'archiver, tous des K ont à portée de main un formidable réservoir de formes, de matières, de poussières (indispensables) et de textures prêtes à être mixées ou recyclées. Des archives d'autant plus essentielles que les K, en bons plasticiens, s'interdisent de recourir à des banques d'images, à du déjà-vu : chaque photographie est originale, chaque graphisme élaboré au studio requiert un maximum d'interventions, et tous les visuels portent cette espèce de marque de fabrique identifiable. Les uns parlent de patte ou de griffe, les autres d'âme.

THE SET (STUDIO)

Just behind the Old Port, their studio is also full of dark depths and shadows. The walls are covered with the patina of wear and tear, and life. It looks as much like a second-hand shop as a graphic design studio. There are bits of paper and all sorts of objects everywhere, piles of CDs, computers old and new, Korean DVDs, statuettes and knick-knacks that would be at home in an attic. All this clutter, which looks as if it is meant for a film set, constitutes a precious storage depot. This is where they find ideas, hunt for accessories which they put straight under the scanner, and find materials that can be converted into pictures. This rather unconventional way of archiving provides the Ks with a formidable reservoir of shapes, matter, dust (indispensable) and textures ready to be mixed together or recycled. These archives are all the more important to their work as, true visual artists that they are, they wouldn't dream of using an image bank, or anything déjà vu. Each photograph is original, each drawing produced in the studio required numerous interventions, and all the visuals carry their identifiable trademark. Some people talk about a style, or talent, others of soul.

FLASH-BACK

Début des années 90. Côté création, *no way* de réussite à Marseille dans le milieu culturel. Alors que Didier part faire des tournages à Paris (case départ obligée), que Stéphan s'est évadé à Barcelone, les rappeurs d'IAM entament leur *success story*. La collaboration initiée avec eux pour la réalisation de leurs visuels perdure lorsque le groupe signe en maison de disques. Dans le sillon d'IAM et d'une identité marseillaise affirmée, d'autres musiciens accèdent à une notoriété nationale. Ce qui ne pouvait être réalisé qu'à Paris l'est pour la première fois à Marseille et parvient même à dépasser les frontières de l'Hexagone. Le graphisme des albums *Ombre est Lumière* et de *L'École du micro d'argent* fait écho à cet imaginaire de conquête héroïque, d'épopée chevaleresque, de joutes verbales et de défi. Les deux premiers K profitent du courant pour réintégrer leur port et renouer avec leurs attaches méditerranéennes, et le studio tous des K prend corps, un succès en suscitant un autre. Désormais, tout un pôle de création lié à la musique, au théâtre, à la danse et au graphisme a conquis un droit de cité phocéenne. Durablement.

FLASH-BACK

On the design front, in the early 1990s, there was no way one could make it in Marseille. While Didier left to work on film sets in Paris – the inevitable starting point – Stéphan escaped to Barcelona, and the IAM rap group began their "success story". The "collaboration" with IAM, which started then with the production of their visuals, continued when the group signed with a record label. On the heels of IAM and an established Marseille identity, other musicians made it big in France. What used to only be possible in Paris became possible for the first time in Marseille, and went even further than the French border. The graphics of the *Ombre est Lumière* albums and *L'École du micro d'argent* echoed this imaginary heroic conquest, this epic romance of chivalry, verbal sparring and challenge. The first two Ks seized the opportunity to return to the Old Port and take up with their Mediterranean friends again. One success leading to another, the tous des K studio was formed, and from that point on, a whole "pole of creation" linked to music, theatre, dance and graphics began to have serious credibility in the city of Marseille. And it lasted.

TRAVELLING

tous des K sont des graphistes à large spectre : de par l'amplitude de leurs travaux – le désir de touche-à-tout les fait passer de la photo au *webdesign*, du flyer à la vidéo – et de par leur capacité à conjuguer des contraintes artistiques et commerciales, politiques et culturelles. Sans doute est-ce parce qu'ils aiment faire plaisir et qu'ils conçoivent le processus de création graphique au service d'un projet ou d'un client. Cette démarche de designers, où la lucidité prime, les autorise à rivaliser en authenticité avec un vieux *sound system* jamaïcain et à concurrencer en savoir-faire les agences de communication. Les événements culturels produits par diverses institutions bénéficient d'une communication rafraîchissante. Sachant maîtriser les codes, tous des K recyclent l'imagerie populaire, celle des fanzines et des illustrations enfantines d'antan ; ils composent aussi sur un registre savant, étayé par une solide culture artistique. Parfois, ils s'amusent à pimenter ce vocabulaire avec quelques touches de gore, un zest de galéjade, histoire de se jouer des clichés.

TRACKING SHOT

tous des K are graphic artists with a broad scope. Broad in the range of their work and their desire to dabble in everything, which has taken them from photography to website design and from flyers to videos, and in their capacity to cope with artistic, commercial, political and cultural constraints. Probably because they like to give pleasure and they consider the design process should serve a project or a client. This approach, governed by lucidity, entitles them to rival in authenticity with an old Jamaican "sound system" and to compete with communications agencies. Cultural events produced by various institutions gained from a refreshingly new form of communication. The Ks know how to master the codes, to recycle popular imagery, that of fanzines and illustrations for children. Their extensive artistic knowledge also allows them to feel at home in a more learned register. They occasionally have fun spattering this learned vocabulary with a few touches of gore, or spinning a yarn to make fun of clichés.

BANDE-SON

Au rayon hip-hop, il y a les pochettes des disques d'IAM bien sûr et celles des albums en solo d'Akhenaton, de Kheops et de Shurik'n, puis des groupes produits dans leur sillon, Faf Larage, Chiens de paille, Psy 4 de la rime… S'agit-il là d'une connivence flagrante ou d'un travail sur mesure ? De fait, les visuels attestent d'une aptitude des K à entrer en résonance avec un univers bitumé et révolté : emploi de lettrages grattés, sales comme les murs d'une prison, de superpositions de matières, de tons chauds, rompus, pour mieux contraster avec les fonds, presque toujours noirs, que l'on retrouve dans le design des sites Internet des rappeurs, ou dans les clips qu'ils réalisent. Ce genre très libre musicalement est très contraignant graphiquement, car les auteurs sont toujours singuliers et les maisons de disques très « marketing oblige ». Exigeants, les labels de techno le sont aussi, mais donnent plus facilement carte blanche. Figures libres pour Riviera, Grand Prix ou Logistic Records, avec le recours à une esthétique minimale : dessins savamment simplifiés ou images léchées, nettoyées, en parfait écho avec la musique. Pour le style house, la bimbo huilée dédiée aux ados s'interprète en langage universel et comme clin d'œil aux figures imposées.

SOUND TRACK

In the hip-hop department, there are the IAM album covers, of course, and those for the solo albums of Akhenaton, Kheops and Shurik'n, and groups that have followed the movement such as Faf Larage, Chiens de paille, and Psy 4 de la rime… Are the Ks really on the same wave length as these musical artists or are they working to order? Their visuals show the Ks' aptitude to touch a chord with the urban counterculture: their use of letters that are scratched and as dirty as the walls of a prison cell, their superimposition of matter, warm hues, which break with the background to enhance the contrast. Their backgrounds are almost always black, whether in their website designs for rap groups, or in their video clips. This type of group is very free musically, but very restrictive graphically, because the authors are always "particular" and their record labels very "*marketing oblige*". Techno labels are also very demanding but more often give the designers a free hand. Freestyle for Riviera, Grand Prix and Logistic Records, with minimal æsthetics, drawings cleverly simplified or polished, cleaned images, a perfect echo for the music. For house music, a well-oiled bimbo devoted to teenagers is part of the universal language and at the same time a nod to compulsory figures.

CONTRECHAMP

De deux choses l'une : des images hyperbrouillées, matiérées, poreuses, crades, ou bien hyperléchées, lisses, aseptisées, cliniques, car les compromis sont rares. En apparence simple, l'approche est subtile, différenciée, voire contradictoire. Si tous des K revendiquent une « trash culture », le terme est davantage à entendre au sens de récup', de recyclage. Ce goût pour le bidouillage les conduit à customiser les clichés (sardines, pétanque ou électroménager), à pratiquer la caricature potache avec « Recevoir dans les règles », affiche proposée (et refusée) contre les lois Debré, mais aussi, façon symétrique inversée, à diluer le mortifère en jouant la mode à mort avec « 10 Sections » (prononcez dissections), une dérision savante pour l'Institut Mode Méditerranée. À coup sûr, la production des K fait état d'un mixage d'influences, car ils ont la tête pleine d'images issues du cinéma et de la musique, de la rue et des arts plastiques : « Tout ce qui vient fait ventre », disent-ils. Last but not least, le graphisme et la typographie sont des domaines largement investigués ; on décèle peut-être un penchant pour le caractère typographique Dirty One de Neville Brody ? À coup sûr, des affinités avec lui,

REVERSE SHOT

It's one thing or the other: they either produce extremely busy, blurred images, full of matter, porous, filthy, or on the other hand, images that are ultra-polished, smooth, asepticised, clinical. Compromises are rare. Seemingly simple, their approach is subtle, differentiated, sometimes contradictory.

While the Ks see themselves as part of the Trash Culture, the term should be understood more in the sense of salvaging and recycling. Their taste for tinkering with things has led them to customise clichés (sardines, bowls or electrical appliances), to use schoolboy-type caricatures as in *Receiving according to the rules* – a poster, proposed and rejected, against the Debré laws. In an inverted symmetry style, they dilute the deadly by playing fashion to the death with *10 Sections* (pronounce dissections), a clever derision for the Institut mode Méditerranée.

Without a doubt, the Ks' work reveals a mixture of influences, images from films and music, from the street and visual arts, "anything that can sell", they say. They have also investigated graphics and typography at length. One can perhaps detect a preference for Neville Brody's Dirty One typographical font. There are also

comme avec David Carson, deux designers qui, comme tous des K, mettent leur talent au service d'horizons très divers et refusent de s'enfermer dans un style.

ACTION

2003, douze ans d'existence et une célébrité qui s'étend au-delà du domaine graphique. tous des K ont toujours le même plaisir à voir leurs images dans les bacs à disques de New York et leurs flyers traîner dans les caniveaux du Vieux Port. Certes, ils ont mûri, leurs clients aussi ; davantage posés, structurés, ils font partie du Marseille qui compte, mais qui bouge surtout, car il s'agit toujours d'être en mouvement. D'ailleurs, si vous vous y prenez habilement, en feuilletant ce livre comme un flip-book, vous verrez peut-être apparaître une petite séquence de clip !

Marianne Barzilay

Enseignante à l'École supérieure des Beaux-Arts
de Marseille et programmiste

clearly affinities with Brody and David Carson, two designers who, like the Ks, use their talent to serve a variety of purposes and refuse to lock themselves into one style.

ACTION

2003 marks their twelfth year as a group, and their fame has spread beyond the world of graphics. tous des K still get the same pleasure from seeing their work in New York record bins and their flyers in the gutters of the Old Port. They have matured. So have their clients. They are more settled, more structured. They belong to the Marseille that counts, but above all, that's on the move. Being in movement is key. In fact, if you're clever, and you leaf through these pages as if they were a flip-book, you might well catch a sequence of a video clip!

Marianne Barzilay

Marianne Barzilay teaches at the Marseille fine arts school,
L'École Supérieure des Beaux-Arts, and is a programmer

MARSEILLE – QUAND ON AIME IL FAUT
METTRE DU CŒUR À L'OUVRAGE
1997
CARTE POSTALE AUTOPROMOTIONNELLE

MARSEILLE – WHEN YOU LOVE SOMETHING
YOU HAVE TO PUT YOUR HEART IN IT
1997
SELF-PROMOTIONAL POSTCARD

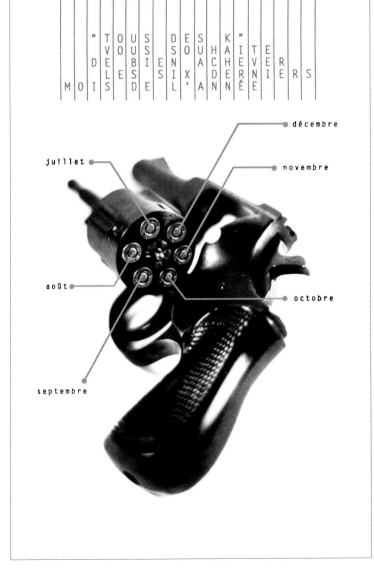

MOIS "TOUS DES SIX" SOUHAITENT KAHEN "IERÉ TVNE EEI RS

juillet

aoūt

septembre

décembre

novembre

octobre

TOUS DES K VOUS SOUHAITENT DE BIEN
ACHEVER LES 6 DERNIERS MOIS
DE L'ANNÉE
1996
CARTE DE VŒUX DE MI-ANNÉE
AUTOPROMOTIONNELLE

TOUS DES K WISHES YOU EVERY SUCCESS
IN GETTING THROUGH THE LAST SIX MONTHS
OF THE YEAR
1996
MID-YEAR GREETINGS CARD
SELF-PROMOTIONAL

14

I LOVE U MY POOL
1997
VERSO CARTE POSTALE
AUTOPROMOTIONNELLE
DE LA SAINT VALENTIN

I LOVE U MY POOL
1997
BACK OF A SELF-PROMOTIONAL
POST CARD FOR VALENTINE'S DAY

(Pour 1995, tous des K vous souhaite de réaliser un joli Karton.)

GREETING CARD
TOUS DES K
1995

CARTE DE VIEUX
TOUS DES K
1995

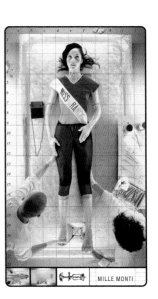

DOCTOR JEKYL

GLAMOUROUS
FREAKS

MILLE MONTI

EXPOSITION « 10 SECTIONS »
MISE EN SCÈNE DES COLLECTIONS DE
CRÉATEURS MARSEILLAIS SOUTENUS
PAR L'INSTITUT MODE MÉDITERRANÉE
1998
TIRAGES 1,20 x 2 M

"10 SECTIONS" (DISSECTIONS)
EXHIBITION
PRESENTING THE COLLECTIONS OF
MARSEILLE-BASED FASHION DESIGNERS
BACKED BY THE INSTITUT MODE
MÉDITERRANÉE
1998
1,20 x 2 M PRINTS

GABRIEL MASSOL

STEED CURTIS

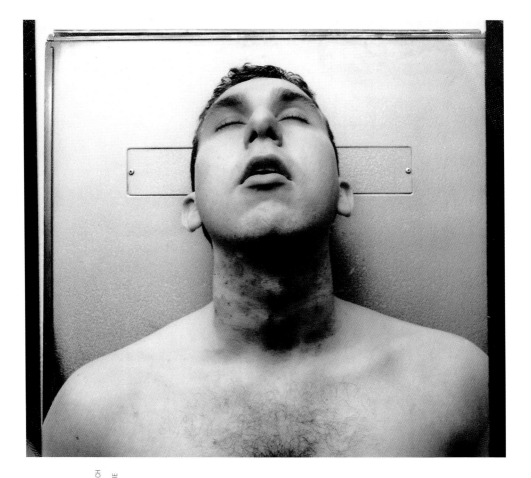

EXPOSITION « PLUS DE SANG »
1996
TIRAGES 42 × 40 CM

"PLUS DE SANG" EXHIBITION (A FRENCH
PUN THAT MEANS "MORE THAN 100"
BUT CAN ALSO SOUND LIKE "NO MORE
BLOOD")
1996
42 × 40 CM PRINTS

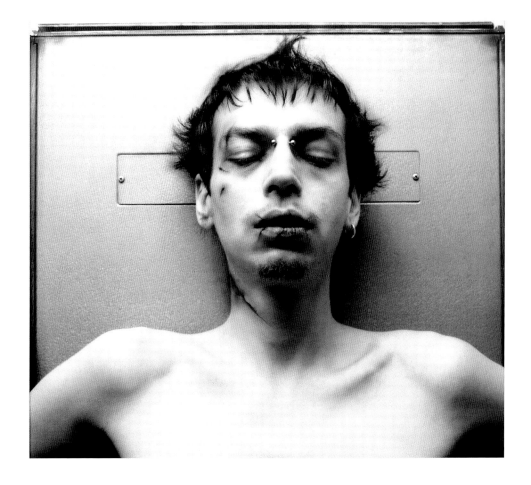

BIOGRAPHIE

L'existence d'Akhenaton est intimement liée à l'histoire du rap. 1989: IAM voit le jour. Jo a rejoint le binôme de départ (Khéops & Akhenaton). Autour d'une réelle fascination pour l'Egypte antique, la spiritualité dans son sens le plus large, IAM sort très vite une cassette, avec la complicité de Massilia Sound System. "Concept" passe de main en main.

Très vite, les trois lettres font parler d'elles. Le groupe marseillais ouvre pour Madonna, signe chez Labelle Noir. Dans la foulée, en mars 1991, il sort son véritable premier album studio, "De La Planète Mars" et tourne en premières parties de James Brown, Public Enemy.

En 1993, IAM signe chez Delabel et balance "Ombre Est Lumière", second album devenu culte depuis. Les ventes ne cessent de croître. Peu importe. IAM, et donc Chill, son leader charismatique, persévèrent dans l'intégrité artistique. Pour preuve, en 1995, la sortie de "Métèque Et Mat", premier effort studio solo de Chill, voyage au cœur de ses racines, mis en boite à Naples. Les médias applaudissent. Le public aussi. Akhenaton vient de frapper un grand coup. Sans jamais renier IAM, il prouve qu'il estcapable d'assumer seul sur la longueur.

➤

OPENDISC™

20

SITE AKHENATON
WWW.AKH-SOLINVICTUS.COM
2001
VICTOIRES DE LA MUSIQUE
MEILLEUR SITE D'ARTISTE
2002

AKHENATON WEBSITE
WWW.AKH-SOLINVICTUS.COM
2001
VICTOIRES DE LA MUSIQUE
BEST MUSICAL ARTIST'S WEBSITE
2002

VINYL ARTISTE

TONY ET PACO/MAQUETTES 2000

[BIOGRAPHIE] [INFOS] [AJOUTER AU CADDY] – PRIX : 60FF. 10$ 6€

361 LABEL   361 VYNIL   NEWS   OPEN MIC   ÉVÈNEMENTS   361 CLUB   LIENS   PLAN DU SITE

SITE. 361 VINYL CHEMISTRY
WWW.361VINYL.COM
2000

361 VINYL CHEMISTRY WEBSITE
WWW.361VINYL.COM
2000

21

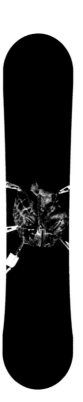

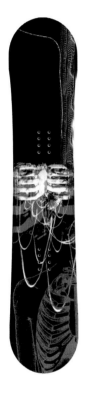   

SNOWBOARDS SALOMON
2001
PROPOSITIONS D'HABILLAGES
DE PLANCHES DE SNOWBOARD

SALOMON SNOWBOARDS
2001
PROPOSALS FOR "DECORATING"
SNOWBOARDS

Orchestre
des Jeunes de la Méditerranée

100% Orchestre

Orchestre
des Jeunes de la Méditerranée

100% Jeunes

100% Concentré

100% Méditerranée

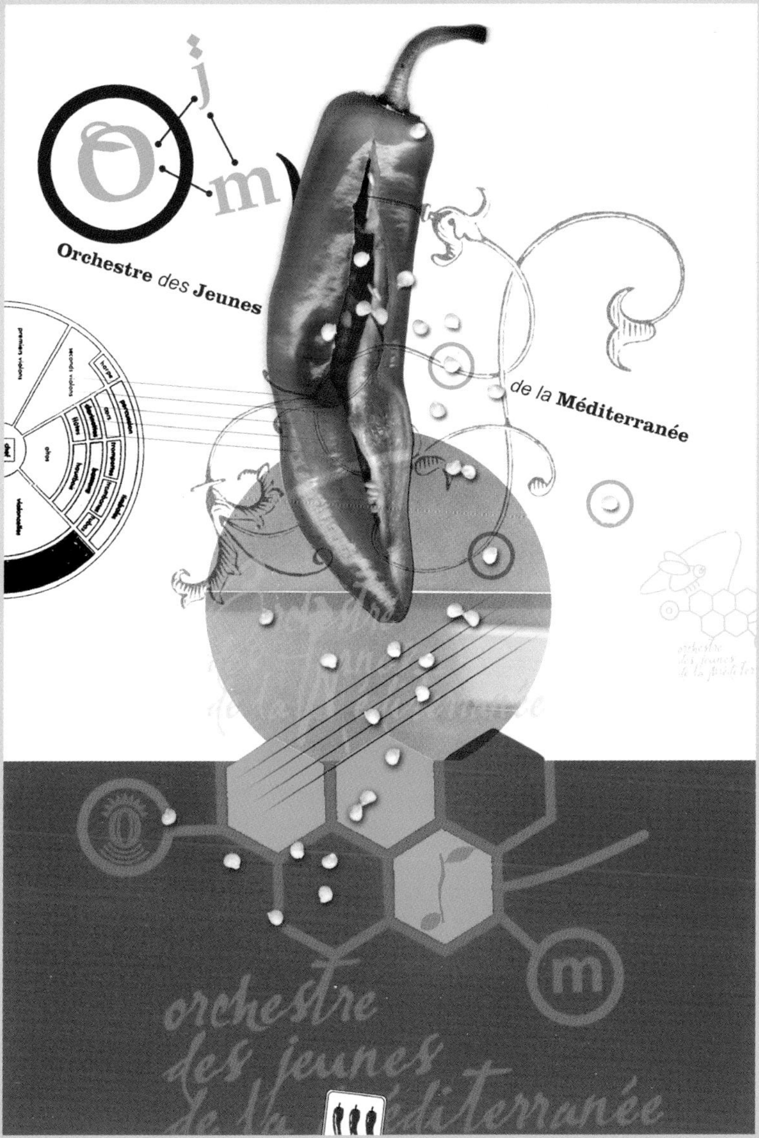

Orchestre des Jeunes

de la Méditerranée

orchestre
des jeunes
de la méditerranée

ORCHESTRE DES JEUNES
DE LA MÉDITERRANÉE
2001
PROPOSITION DE CHARTE GRAPHIQUE

ORCHESTRE DES JEUNES
DE LA MÉDITERRANÉE (YOUTH ORCHESTRA)
2001
STYLE GUIDE PROPOSAL

20ᵉ FÊTE DE LA MUSIQUE
2001
AFFICHE POUR LE 20ᵉ ANNIVERSAIRE
DE LA FÊTE DE LA MUSIQUE

20TH FÊTE DE LA MUSIQUE
2001
POSTER FOR THE 20TH ANNIVERSARY
OF THE FÊTE DE LA MUSIQUE

FESTIVAL JAZZ DES 5 CONTINENTS
2001
AFFICHES 40 x 60 CM / 80 x 120 CM

JAZZ FROM 5 CONTINENTS FESTIVAL
2001
40 x 60 CM / 80 x 120 CM POSTERS

RIVIERA > ROBBIE RIVERA "FRENCH FRIES FROM MIAMI BEACH"

008
3 exclusive monsta traxx

2001
DEUX COUVERTURES
DE POCHETTES
POUR LE LABEL
RIVIERA
ALBUMS « FRENCH FRIES
FROM MIAMI BEACH »
DE ROBBIE RIVIERA ET
« YOU GOT TO GET OVER »
DE PAUL JOHNSON

2001
TWO ALBUM COVERS FOR
THE RIVIERA LABEL
"FRENCH FRIES FROM
MIAMI BEACH"
BY ROBBIE RIVIERA AND
"YOU GOT TO GET OVER"
BY PAUL JOHNSON

RIVIERA > *PAUL JOHNSON* "YOU GOT TO GET OVER"
3 exclusive traxx

006

2002
DEUX COUVERTURES
DE POCHETTES POUR
LE LABEL GRAND PRIX

2002
TWO ALBUM COVERS FOR
THE GRAND PRIX LABEL

funkless #1

John Thomas

A

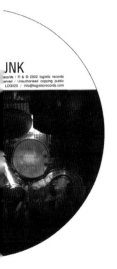

JNK

... records / ℗ & © 2002 logistic records
...served / Unauthorised copying public
...LOG023 / info@logisticrecords.com

2000
ROND DE VINYLE POUR « STATIC DRUM 2 »
STATIC DRUM
LABEL LOGISTIC RECORDS

2000
VINYL LABELS FOR "STATIC DRUM 2"
STATIC DRUM
LOGISTIC RECORDS

2000
ROND DE VINYLE POUR « FUNKLESS 1 »
JOHN THOMAS
LABEL LOGISTIC RECORDS

2000
VINYL LABEL FOR "FUNKLESS 1"
JOHN THOMAS
LOGISTIC RECORDS

2002
ROND DE VINYLE POUR « MISTER FUNK »
SINGLE DE JOHN THOMAS
LABEL LOGISTIC RECORDS

2002
VINYL LABEL FOR THE JOHN THOMAS
"MISTER FUNK" SINGLE
LOGISTIC RECORDS

2002
ROND DE CD POUR LA PROMOTION
DE L'ALBUM « CAUGHT IN THE ACT 2 »
ROBERT HOOD. LABEL LOGISTIC RECORDS

2002
CD LABEL TO PROMOTE THE ALBUM
"CAUGHT IN THE ACT 2"
ROBERT HOOD. LOGISTIC RECORDS

JOHN THOMAS CAUGHT IN THE ACT

JOHN THOMAS
2001
COUVERTURE CD
« CAUGHT IN THE ACT 1 »
LABEL LOGISTIC
RECORDS

JOHN THOMAS
2001
"CAUGHT IN THE ACT 1"
LOGISTIC RECORDS LABEL

JOHN THOMAS
B L A C K S T A G E

JOHN THOMAS
2002
COUVERTURE CD
ALBUM « BLACKSTAGE »
LABEL LOGISTIC
RECORDS

JOHN THOMAS
2002
CD COVER FOR
"BLACKSTAGE"
LOGISTIC RECORDS LABEL

ROBERT HOOD >
MONOBOX EP

A   DOWN TOWN
B1   INTRO
B2   UNTITLED

Logistic
records

> All tracks written, produced
and mixed by Robert Hood for M-Plant Music.

2001
TWO VINYL LABELS
FOR THE PREMIUM LABEL

2001
DEUX RONDS DE VINYLES
POUR LE LABEL PREMIUM

2001
PROPOSAL FOR RECORD COVER
FOR NO VOID STORES

2001
PROPOSITION DE POCHETTE DE DISQUE
POUR LES MAGASINS NO VOID

CARRE BLANC

1 Roman
a.rimbaud p.racgier m.gauraume

2 mon rêve familier
p.verlaine p.racgier m.gauraume

M le voyage
c.baudelaire p.racgier m.c

4 les litanies de sa
c.baudelaire p.racgier m.gau

alchimie

"ALCHIMIE"
DE CARRÉ BLANC
1999
DIGIPACK
PRODUCTION COMARC/PAUL
FRAGIER

"ALCHIMIE"
BY CARRÉ BLANC
1999
DIGIPACK
PRODUCTION COMARC/PAUL
FRAGIER

LOGIQUE HIP-HOP 4
1998
AFFICHE FESTIVAL LOGIQUE HIP-HOP
DÉCLINÉE EN PROGRAMME / STICKERS
80 x 120 CM

LOGIQUE HIP HOP'S FOURTH ISSUE
1998
LOGIQUE HIP HOP FESTIVAL POSTER
WITH PROGRAMME AND STICKERS
80 x 120 CM

LOGIQUE HIP HOP N°4

UNE COPRODUCTION A.M.I (AIDE AUX MUSIQUES INNOVATRICES) / S.F.T. (SYSTÈME FRICHE THÉÂTRE)

28 29 30 NOVEMBRE 98 À LA FRICHE LA BELLE DE MAI

MARSEÍLLE

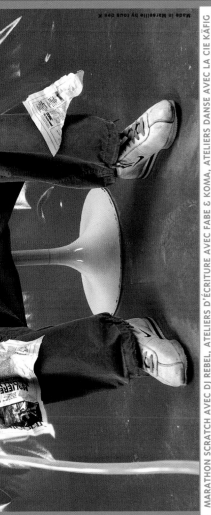

Made in Marseille by tous des K

MARATHON SCRATCH AVEC DJ REBEL, ATELIERS D'ÉCRITURE AVEC FABE & KOMA, ATELIERS DANSE AVEC LA CIE KÄFIG
ATELIERS SAMPLE AVEC DJ FRED BERTHET, RENCONTRES, DÉBATS, RADIO, STANDS DE DISQUES…

3 JOURS DE FESTIVAL | 12 GROUPES INVITÉS

SAMEDI 28	DIMANCHE 29	LUNDI 30
(Marseille) **PHONKNEG'Z**	(Algérie) **INTICK**	(Marseille) **SADIK ASKEN** LA CRÈCHE
(Marseille) **PSY 4 DE LA RIME** LA CRÈCHE	(Algérie) **HAMMA**	(Marseille) **FRESH K, ÉRIC G ET DJ R** CLUB PRIVÉ
(Lyon) **ONE SUSPECT**	(Marseille) **DA MAYOR**	(Marseille) **PRODIGE NAMOR**
(Paris) **LA RUMEUR**	(Paris) **LA FORMULE**	(U.S.A) **BORN JAMERICANS**

Renseignements : A.M.I. / Friche la Belle de Mai 23 rue Guibal 13003 Marseille Tel : 04 91 11 42 52 ou 04 91 11 42 43 (S.F.T.). e.mail : ami.stup@wanadoo.fr
internet : http://www.lafriche.org/logiquehiphop. **Remerciements** à DJ REBEL, IMHOTEP, GILLES (KIF KIF PRODUCTION). **ouverture des portes à 18h**
★ Droits d'entrée : **70 francs** par soirée / **30 francs** sur présentation de la Carte Friche ★

« L'ÉCOLE DU MICRO D'ARGENT »
DE IAM
1998
ILLUSTRATION DU LIVRET
DE LA VERSION COLLECTOR

"L'ÉCOLE DU MICRO D'ARGENT"
BY IAM
1998
ILLUSTRATION FOR THE LIBRETTO
OF THE COLLECTORS' VERSION

1-LES SOUS VENIR (feat. Sat de la F.F.) 2-SHTAR SUPERSTAR 3-RESTER SOUDER 4-SOOSOL SESSION

SOOSOL

LES SOUS VENIR FEAT. SAT

SOOSOL

SOOSOL
LES SOUS VENIR FEAT. SAT DE LA FF

1-LES SOUS VENIR
4,08

1 Textes : G. A.
3 Textes : G. A.

Editions : La Cosca s
Enregistrement : St
par Philippe Bruguiere
autorisation de Côté D
Contact manageme
"contient un extrait d

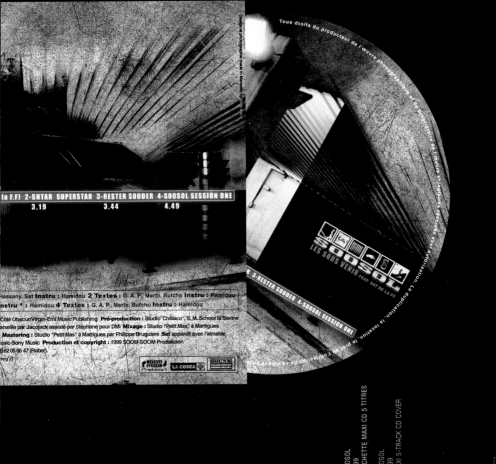

la F.F) 2-SHTAR SUPERSTAR 3-RESTER SOUDER 4-SOOSOL SESSION ONE
3.19   3.44   4.49

SOOSOL
LES SOUS VENIR FEAT SAT DE LA FF

...Hassany, Sat **Instru** : Hamidou **2 Textes** : G. A. P., Marto, Butcho **Instru** : Hamidou
...**Instru**" : Hamidou **4 Textes** : G. A. P., Marto, Butcho **Instru** : Hamidou

...Côté Obscur/Virgin-Emi Music Publishing **Pré-production** : Studio "Chibaco", S. M. School la Savine
...arseille par Jacojack assisté par Stéphane pour DMI **Mixage** : Studio "Petit Mas", à Martigues
...**Mastering** : Studio "Petit Mas" à Martigues par Philippe Bruguiere **Sat** apparaît avec l'aimable
...usic-Sony Music **Production et copyright** : 1999 SOOM-SOOM Produkcion
...6 62 05 66 47 (Raber).
...reg'z)

SOOSOL
1999
POCHETTE MAXI CD 5 TITRES

SOOSOL
1999
MAXI 5-TRACK CD COVER

« MÉTÈQUE ET MAT »
D'AKHENATON
1997
POCHETTE DE DISQUE

"MÉTÈQUE ET MAT"
BY AKHENATON
1997
ALBUM COVER

HABILLAGE DU CLIP « AKH »
D'AKHENATON
2001
IMAGE PROJECTION

PACKAGING AND PRESENTATION
OF AKHENATON'S "AKH" CLIP
2001
IMAGE PROJECTION

« N.Y.C TRANSIT »
POUR AKHENATON
2002
VIDÉOGRAMME DU CLIP
PROJETÉ EN CONCERT

"N.Y.C TRANSIT"
FOR AKHENATON
2002
VIDEO SHOWN
IN CONCERT

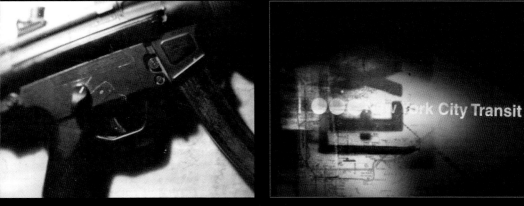

« KING SIZE »
DE SÉBASTIEN LÉGER
2002
COUVERTURE POCHETTE CD
ALBUM VINYLE
LABEL BLACKJACK

"KING SIZE"
BY SÉBASTIEN LÉGER
2002
CD COVER
VINYL ALBUM
BLACKJACK LABEL

King Size

SÉBASTIEN LÉGER

IAM LOGOS, LOGIQUE HIP-HOP,
SYMBOLS STORE, HOSTILE, SHURIK'N
1996 > 1999

LOGOS IAM, LOGIQUE HIP-HOP,
SYMBOLS STORE, HOSTILE, SHURIK'N,
1996 > 1999

« BLOCK PARTY »
DE PSY 4 DE LA RIME
2002
VIDÉOCLIP

"BLOCK PARTY"
BY PSY 4 DE LA RIME
2002
VIDÉOCLIP

« UN DE CES JOURS »
DES CHIENS DE PAILLE
2001
VIDÉOCLIP

"UN DE CES JOURS"
BY CHIENS DE PAILLE
2001
VIDÉOCLIP

MADE IN MÉ

SAM

FESTIVAL MEDINMA
1999
RECTO DE FLYER MEDINMA
DÉCLINÉ EN AFFICHE

MEDINMA FESTIVAL
1999
FLYER COVER FOR MEDINMA
IN POSTER FORM

D I T E R R A N É E

21 NOVEMBRE / 22H00 A 8H00

TROLLEYBUS
FRENCH "BOWLS"
1999
FLYER COVER IN 4 x 3 M FORMAT

TROLLEY BUS
« TERRAIN DE BOULES »
1999
RECTO DE FLYER DÉCLINÉ EN 4 x 3 M

TROLLEYBUS
1997
TWO FLYER COVERS
FOR THE TROLLEYBUS
"MACHOMANIA", "AMERICAN DREAM"

TROLLEYBUS
1997
DEUX RECTOS DE FLYERS
POUR LE TROLLEYBUS
« MACHOMANIA », « AMERICAN DREAM »

INTERNATIONAL
TROLLEYBUS
NETWORK

24 QUAI RIVE NEUVE
13007 MARSEILLE

Terrains
de Boules
&
PASTIS & ANCHOÏADE

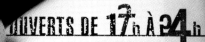

OUVERTS DE 17h À 24h

MARDI
MERCREDI
JEUDI
VENDREDI
SAMEDI

À PARTIR DU 28 NOVEMBRE

PASTIS DE MARSEILLE
R.B

ODYSSÉE DE LA CANEBIÈRE
ÉVÉNEMENT ORGANISÉ
PAR FÉERIES URBAINES
2002
AFFICHES 80 x 120 CM / 40 x 60 CM /
4 x 3 M

ODYSSÉE DE LA CANEBIÈRE
AN EVENT ORGANISED
BY FÉERIES URBAINES
2002
80 x 120 CM / 40 x 60 CM /
4 x 3 M POSTERS

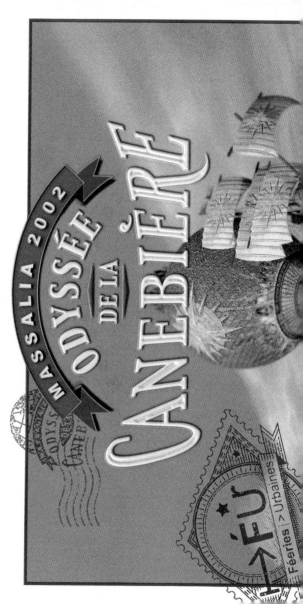

SPECTACLE D'OUVERTURE DES JEUX MONDIAUX DE LA VOILE (29 JUIN AU 10 JUILLET)

S A M E D I 2 9 J U I N

MARSEiLLE > CANEBiÈRE ViEUX-PORT > 20 HEURES

Région
Provence-Alpes-Côte d'Azur

VILLE DE
MARSEILLE

AFFICHES CONTRE LES LOIS DEBRÉ
1997
RECHERCHES PERSONNELLES

POSTERS AGAINST DEBRÉ LAWS
1997
PERSONAL RESEARCH

Recevoir dans les **Règles**

NÉCESSITE OBLIGATOIREMENT UN TAMPON PÉRIODIQUE

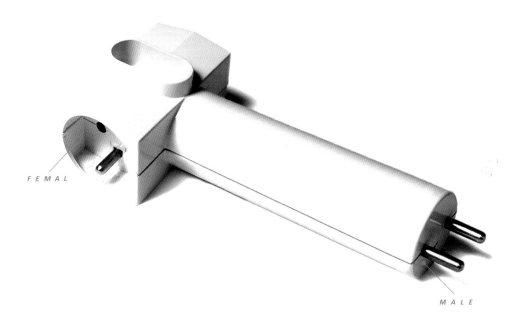

F E M A L

M A L E

RECHERCHE PERSONNELLE
1999

PERSONAL RESEARCH
1999

LE CAFÉ JULIEN PRÉSENTE UNE SOIRÉE

mode in Marseille   by tous des K

hôme

« CABARET ROUGE »
2001
PROPOSITION
DE COUVERTURE
DE POCHETTE POUR
UNE COMPILATION DE
MUSIQUE ÉLECTRONIQUE
MARSEILLAISE

"CABARET ROUGE"
2001
PROPOSAL
FOR THE COVER
OF A COMPILATION OF
MARSEILLE ELECTRONIC
MUSIC

FLYER SOIRÉE HOME
1998
CAFÉ JULIEN, MARSEILLE
10 x 15 CM

HOME PARTY FLYER
1998
CAFÉ JULIEN, MARSEILLE
10 x 15 CM

citadium | **COLLECTION TEXTILE FEMME**
PRINTEMPS / ETE 2003

citadium | **COLLECTION TEXTILE FEMME**
PRINTEMPS / ETE 2003

CITADIUM
2002
CARTES DE COMMUNICATION
10 x 15 CM

CITADIUM
2002
PROMOTIONAL CARDS
10 x 15 CM

citadium | C **COLLECTION TEXTILE FEMME**
PRINTEMPS / ETE 2003

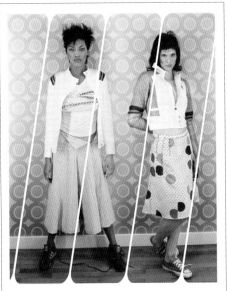

citadium | C **COLLECTION TEXTILE FEMME**
PRINTEMPS / ETE 2003

« DIFFÉRENCES »

1998
AFFICHE EXPOSITION DIFFÉRENCES
DÉCLINÉE EN FLYER ET PROGRAMME

"DIFFERENCES"
1998
DIFFÉRENCES EXHIBITION POSTER
WITH FLYER AND PROGRAMME

DESIGN GRAPHIQUE MADE IN MARSEILLE BY TOUS DES K

DIFFERENCES

IMAGES CONTRE L'INDIFFERENCE

Bouches du Rhône 4 janvier / 30 avril 1999

EXPOSITION ITINÉRANTE SUR LE THÈME DU SIDA EN MILIEU PROFESSIONNEL
CONÇUE PAR LES ÉTUDIANTS DE L'ÉCOLE D'ART D'AIX EN PROVENCE

designerqu3sap / 005 / TOUS DES K

SOIRÉE SFR
(SOIRÉE SOUTH FORCE RESISTANCE)
1997
FLYER SOIRÉE SFR
DÉCLINE EN AFFICHE 40 x 60 CM

SFR PARTY
(SOUTH FORCE RESISTANCE PARTY)
1997
FLYER FOR AN SFR EVENING
ALSO IN 40 x 60 CM POSTER FORM

MADREMARIA
1998
RECHERCHE PERSONNELLE

MADREMARIA
1998
PERSONAL RESEARCH

L'ANNÉE DES 13 LUNES
2002
AFFICHE 40 x 60 CM
DÉCLINÉE EN PROGRAMME
ET EN 4 SAISONS

L'ANNÉE DES 13 LUNES
2002
40 x 60 CM POSTER
WITH PROGRAMME FOR 4 SEASONS
OF STREET THEATRE

80

13 Lunes

l'année des

Spectacles Gratuits

saison [s] des arts de la rue avec le Conseil Général des Bouches-du-Rhône

avec le soutien de > l'ONDA
en partenariat avec > France Bleu Provence ✳ César

LA MARCELESTE
2001
CROQUIS DU DÉROULÉ DE L'ÉVÉNEMENT

LA MARCELESTE
2001
SKETCHES FOR THE EVENT

LA MARCELESTE
2001
RECHERCHES SCÉNOGRAPHIQUES

LA MARCELESTE
2001
SET DESIGN RESEARCH

Village Testd

CENTRE
CHORÉGRAPHIQUE
NATIONAL DU HAVRE
HAUTE-NORMANDIE
2002
HABILLAGE SCÉNIQUE
POUR LE SPECTACLE
« DES HORIZONS »

CENTRE
CHORÉGRAPHIQUE
NATIONAL DU HAVRE
HAUTE-NORMANDIE
2002
SET DESIGN
FOR "DES HORIZONS"

TCHEKA
2002
RECTO DE FLYER
CRÉATEUR TCHEKA
POUR LE WHO'S NEXT

TCHEKA
2002
FLYER COVER
DESIGNER TCHEKA
FOR WHO'S NEXT

PRELJOCAJ
1999
AFFICHE DU SPECTACLE
« PERSONNE N'ÉPOUSE LES MÉDUSES »
40 x 60 CM / 80 x 120 CM

PRELJOCAJ
1999
POSTER FOR THE BALLET
"PERSONNE N'ÉPOUSE LES MÉDUSES"
40 x 60 CM / 80 x 120 CM

BALLET PRELJOCAJ

8*|10| 11 SEPTEMBRE 98   OPÉRA DE MARSEILLE

(20h30)

*avec le soutien du Commissariat d'Energie Atomique Centre de Cadarache et le XXème SOFT 1998

Chorégraphie : Angelin Preljocaj

HOMMAGE AUX BALLETS RUSSES

Annonciation ★ LE SPECTRE DE LA ROSE ★ noces

CENTRE CHORÉGRAPHIQUE NATIONAL DE LA RÉGION PROVENCE-ALPES-CÔTE D'AZUR
DE LA VILLE D'AIX-EN-PROVENCE ET DU DÉPARTEMENT DES BOUCHES DU RHÔNE.

PRELJOCAJ
1998
40 x 60 CM / 80 x 120 CM
GENERIC POSTER

PRELJOCAJ
1998
AFFICHE GÉNÉRIQUE 40 x 60 CM /
80 x 120 CM

DCA – PHILIPPE DECOUFLÉ / OIBO
1996
PROPOSITION DE CARTE DE VŒUX

DCA – PHILIPPE DECOUFLÉ / OIBO
1996
PROPOSAL FOR GREETINGS CARD

DCA – PHILIPPE DECOUFLÉ
1996
LOGO ET PROPOSITION DE CHARTE
GRAPHIQUE

DCA – PHILIPPE DECOUFLÉ
1996
LOGO AND PROPOSAL
OF STYLE GUIDE

On a
parfois besoin
De faire
des pieds
et des mains
pour bien amorcer
une nouvelle année.

← Mode d'emploi

on a parfois besoin de faire
des pieds et des mains
pour bien amorcer
une nouvelle année

Voeux 1996

La compagnie DCA et OIBO
vous présentent
leurs meilleurs Vœux 1996
pour l'année

DCA.PHILIPPE DECOUFLÉ / OIBO
ANCIENNE CHAUFFERIE FABIEN
10 bis, RUE MAURICE TOREZ
93200 SAINT-DENIS
TEL : (1) 40 13 05 06
FAX : (1) 48 18 09 12

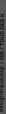
CENTRE CHORÉGRAPHIQUE NATIONAL
DU HAVRE HAUTE-NORMANDIE
2002
PLAQUETTE D'INFORMATION
15 x 21 CM

CENTRE CHORÉGRAPHIQUE NATIONAL
DU HAVRE HAUTE-NORMANDIE
2002
INFORMATION BROCHURE
15 x 21 CM

CONCEPTION, CHORÉGRAPHIE ET SCÉNO
DANSEURS Alexia Bigot - Emeline Calvez -
Guitton - Hervé Robbe - Edmond Russo - Shlom

CRÉATION MUSICALE Frédéric Verrières
CRÉATION LUMIÈRE Laurent Matignon
CRÉATION VIDÉO Stéphan Muntaner - te
CRÉATION COSTUMES Cathy Garnier

MONTAGE ET MISE EN ESPACE D.
Vincent Bosc
DIRECTEUR TECHNIQUE Gildas

PRODUCTION Centre Chorégraphi
Haute-Normandie

CO-PRODUCTION Théâtre de la
Avec le soutien du Festival Danse
villa Médici et pour la tournée e
la Région Haute-Normandie.
Cette pièce sera disponible en te

CONDITIONS TECHNIQU
Dimensions du plateau: pro
En tournée : 12 personnes
1 administratif)
Transport du décor : un c
Temps de montage : 4 se

PIÈCE POUR HUIT DANSEURS
DURÉE : 1 H
AVANT - PREMIÈRE :
LE 8 JUIN 2002 A WYCOMBE SWAN - HIGH WYCOMBE - GRANDE BRETAGNE.
PREMIÈRE : LE 27 JUILLET 2002 AU FESTIVAL DANSE A AIX - AIX EN PROVE
CRÉATION À PARIS : LES 29, 30 et 31 OCTOBRE 2002 AU THÉÂTRE DE LA VIL

Les sept danseurs de la compagnie : Frédéric Verrières, compositeur ; Stéphan Muntaner, vidéaste; Laurent M
créateur lumière; Cathy Garnier, costumière et Hervé Robbe, chorégraphe ont conçu en collaboration dans les
centre ce projet qui poursuit la démarche d'Hervé Robbe sur la présence confrontée de la danse, de la vidéo et d
dans un espace musical original. Le paysage est l'évocation principale de cette pièce. Son imaginaire et
deviennent prétexte à inventer des espaces de création.

bbe
riane
Vako

bel Vergne et

re

e de France à Rome,
de Southernarts et de

3, 2003 - 2004.

ture 14m - hauteur 7m
seurs, 3 techniciens et

Centre Chorégraphique National du Havre Haute-Normandie - Hervé Robbe

Des Hori ons Perdus
Création 2002

Le Centre Chorégraphique National du Havre Haute-Normandie s'inscrit dans un réseau français de dix neuf centres, rassemblé autour de l'association des centres chorégraphiques nationaux.
Dirigé par un artiste chorégraphe, Hervé Robbe, cette institution est soutenue par le Ministère de la Culture et de la Communication - Direction Régionale des Affaires Culturelles de Haute-Normandie, la Région Haute-Normandie, la Ville du Havre.

La mission principale du centre est la création et la production des spectacles d'Hervé Robbe. Ce travail de création s'inscrit dans un lieu composé de deux studios, dont un équipé pour répondre aux conditions techniques du spectacle. Pour mener à bien le processus de création, le centre dispose d'un équipement image permettant d'expérimenter la présence de la vidéo sur le plateau.

A cette mission principale, s'y associe d'autres objectifs. Le centre propose chaque année, au regard des projets artistiques de soutenir dans le cadre de l'activité "Accueil Studio", quatre équipes artistiques pour un temps de résidence.

En tant que pôle ressources et pôle pédagogique, il contribue à une connaissance et une pratique de l'art chorégraphique à l'attention du public professionnel et du tout public.

Le centre organise régulièrement des manifestations artistiques, temps de présentation de travaux chorégraphiques et d'expositions.

Le Centre Chorégraphique National du Havre Haute-Normandie - Hervé Robbe

Directeur : Hervé Robbe, Directrice adjointe : Carole Rambaud
Danseurs : Alexia Bigot, Romain Cappello, Emeline Calvez, Ariane Guitton, Edmond Russo, Shlomi Tuizer, Yoshifumi Wako.
Directeur technique : Gildas Percevault
Chargé de la diffusion : Franck Delauney
Chef comptable : Dominique Allais, Secrétaire de direction : Laurence Saunier
Chargée de la pédagogie : Virginie Mirbeau
Aide comptable : Nathalie Laurent, Responsable de l'entretien : Dany Desfeux

Le Centre Chorégraphique National du Havre Haute-Normandie est une association Loi 1901
Président : François Chesnais - 30, rue des briquetiers 76600 Le Havre - Tél. : 02 35 26 23 00 - Fax. : 02 35 26 23 09
e-mail : robbe@club-internet.fr

Subventionné par le Ministère de la Culture et de la Communication
Direction Régionale des Affaires Culturelles de Haute-Normandie,
la Région Haute-Normandie, la Ville du Havre.

BIOGRAPHIE / BIOGRAPHY

Depuis 1990: Communication du groupe de rap marseillais IAM et albums solos des membres du groupe: Akhenaton, Kheops, Shurik'n, Freeman, La Garde (Delabel/Virgin), Electro Cypher.
Communication des groupes de rap marseillais produits par le Côté obscur, Sad Hill Records, Kif Kif Prod, La Cosca, 361 Records: Fonky Family (Small/Sony Music), 3e œil (Columbia/Sony Music), Def Bond (Delabel/Sad Hill), Faf Larage (V2/Kif Kif), Chiens de Paille (361 Records/Virgin), Psy 4 de la rime (361 Records/Virgin).
1992-1999: Communication du Trolleybus, Marseille.
1995: Charte graphique du festival «Marseille méditerranée» (Office de la culture de Marseille). Communication du spectacle *Game Over* du Cirque Archaos.
1995-2002: Affiches et programmes du festival rap Logique Hip-Hop, Friche de la Belle de mai, Marseille.
1997: Affiches de la campagne Carte diem.
Communication des jeunes créateurs de l'Institut Mode Méditerranée, Marseille.
1997-1999: Communication de la manifestation de musique électronique Boréalis.

Since 1990: the Ks have designed all the communications material for the Marseille rap group IAM and solo albums of group members: Akhenaton, Kheops, Shurik'n, Freeman, La Garde (Delabel/Virgin), Electro Cypher.
Communications material for Marseille rap groups produced by Côté obscur, Sad Hill Records, Kif Kif Prod, La Cosca, 361 Records: Fonky Family (Small/Sony Music), 3e œil (Columbia/Sony Music), Def Bond (Delabel/Sad Hill), Faf Larage (V2/Kif Kif), Chiens de Paille (361 Records/Virgin), Psy 4 de la rime (361 Records/Virgin).
1992-1999: Communications material for Trolleybus, Marseille.
1995: Design style guide for the "Marseille méditerranée" (Marseille Cultural Office). Communications for the Cirque Archaos's "Game Over" show.
1995-2002: Posters and programmes for the Logique Hip-Hop rap festival at the Friche de la Belle de mai, Marseille.
1997: Posters for the Carte Diem campaign. Communications for the young designers of the Institut Mode Méditerranée, Marseille.

1998 : Création de la nouvelle charte graphique de l'Institut culturel français de Sofia, Bulgarie. Mission commandée par l'A.F.A.A. et le ministère des Affaires étrangères.

1998-2000 : Communication annuelle du ballet Preljocaj, Aix-en-Provence.

Depuis 1998 : Communication des labels de musique électronique house et techno Riviera et Blackjack (Aix-en-Provence), Logistic records, HLM et P. Pôle (Montpellier), Obsession-DJ Paul (Distance/Paris) : Paul Johnson, Superfunk, Stacy Kidd, Gant Garrard, Kiko, Deaf and Dumb, Fafa Monteco, Mike 303, Disco Kidz, Liquid, John Thomas, Clones...

Plusieurs CD pour différents groupes de musique jazz, rock industriel, world music... (Tex Willer, Space, Carré Blanc, Antoine Lisolo Barka Concept, Thierry Maucci, Anténor Bogéa, Tonton David/Cheb Mami, TSA...).

1999 : Communication de la « Techno Parade », Paris. Création graphique de l'affiche du film *La Taule* d'Alain Roback.

Conception graphique de l'événement Massalia pour le 26ᵉ centenaire de la ville de Marseille.

Depuis 1999 : Communication annuelle du Centre chorégraphique national du Havre Haute-Normandie/Hervé Robbe.

1997-1999: Communications material for the electronic music event, Boréalis.

1998: Design of the new style guide for the French Cultural Institute in Sofia, Bulgaria, at the request of the French Foreign Affairs' Ministry Association for Artistic Action AFAA.

1998-2000: Annual communications material for the Preljocaj dance troupe, Aix-en-Provence.

Since 1998: The Ks have designed the communications material for electronic, house and techno music labels Riviera and Blackjack (Aix-en-Provence), Logistic Records, HLM and P. Pôle (Montpellier), Obsession-DJ Paul (Distance/Paris): Paul Johnson, Superfunk, Stacy Kidd, Gant Garrard, Kiko, Deaf and Dumb, Fafa Monteco, Mike 303, Disco Kidz, Liquid, John Thomas, Clone.

They have designed several CD covers for various jazz, industrial rock, and world music albums (Tex Willer, Space, Carré Blanc, Antoine Lisolo Barka Concept, Thierry Maucci, Anténor Bogéa, Tonton David/Cheb Mami, TSA).

1999: Communications material for the "Techno Parade", Paris.

Graphic design for the poster of Alain Roback's film *La Taule*.

Graphic design for the "Massalia" to celebrate the 26th centenary of the city of Marseile.

1999-2000: Communication du festival «Jazz au doc des Suds», Marseille.
2000: Conception, direction artistique et communication graphique de l'événement «La Marceleste» pour la mission 2000 de la ville de Marseille.
2000 et 2002: Création graphique des albums *3968 CR 13* et *Occitanista* du Massilia Sound System.
2001: Communication de la manifestation 20e anniversaire de l'abolition de la peine de mort, Paris.
2002: Conception, direction artistique et communication graphique de l'«Odyssée de la Canebière», ville de Marseille, spectacle d'ouverture des Jeux mondiaux de la voile.
Création graphique autour de la communication du film et de la bande originale de *Comme un aimant* de Kamel Saleh et w‹Akhénaton.
Habillage TV et sujets documentaires de 4 mn mensuels émission Life sur MCM pour Respect/Marque de skis Rossignol.

Since 1999: Annual communications campaign for the Centre chorégraphique nationale du Havre Haute-Normandie/Hervé Robbe.
1999-2000: Communications for the "Jazz au doc des Suds" festival, Marseille.
2000: Design, art direction and graphics for "La Marceleste", part of the Mission 2000 organised by the city of Marseille.
2000 et 2002: Design of graphics on the *3968 CR 13* and *Occitanista* du Massilia Sound System albums.
2001: Communications campaign for the 20th anniversary of the abolition of the death penalty, Paris.
2002: Design, art direction and graphics for the "Odyssée de la Canebière", a city of Marseille production opening the World Sailing Games.
Graphics for communications on the film and original sound track of *Comme un aimant* by Kamel Saleh and Akhenaton.
Design for TV presentation and 4-minute monthly documentaries for *Life sur MCM* for Respect, a brand of Rossignol skis.

DISTINCTIONS

1996 : Lauréat de la Biennale des jeunes créateurs d'Europe et de Méditerranée.

2001-2002 : Sélection par le Musée de la publicité de l'affiche de la 20ᵉ fête de la Musique et de celle du 20ᵉ anniversaire de l'abolition de la peine de mort.

2002 : Victoires de la musique catégorie « meilleur site d'artiste » pour Akhenaton : www.akh-solinvictus.com.

EXPOSITIONS

1990-1993 : « État d'art », Marseille ; « 93 artistes pour 93 » (Trolleybus), Marseille.

1996-1997 : « Approche », Vienne, Bucarest, Prague, Zagreb, Sofia et Varsovie.

1998-1999 : « 10 Sections », (Institut Mode Méditerranée, Palais de Pharo) Marseille, (Galerie Paul-Ricard) Paris, (Institut culturel français, École d'art de Mexico) Mexico.

1999-2000 : « Plus de sang », (Parvis de l'hôtel de ville) Montpellier, Marseille.

2000 : « Behind this Line, Private Life », (Galerie Paul-Ricard) Paris, (Institut Mode Méditerranée) Marseille, Milan.

AWARDS

1996: Winners of the Biennial, Young designers of Europe and the Mediterranean.

2001-2002: Selected by the Paris poster advertising museum for their posters for the 20th Fête de la Musique and the 20th anniversary of the abolition of the death penalty.

2002: Victoires de la musique, Best artist's website category for Akhenaton: www.akh-solinvictus.com.

EXHIBITIONS

1990-1993: "État d'art", Marseille; "93 artistes pour 93" (Trolleybus), Marseille.

1996-1997: "Approche", Vienna, Bukarest, Prague, Zagreb, Sofia and Warsaw.

1998-1999: "10 Sections", (Institut Mode Méditerranée, Palais de Pharo) Marseille, (Galerie Paul-Ricard) Paris, (Institut culturel français, École d'art de Mexico) Mexico.

1999-2000: "Plus de sang", (Parvis de l'hôtel de ville) Montpellier, Marseille.

2000: "Behind this Line, Private Life", (Galerie Paul-Ricard) Paris, (Institut Mode Méditerranée) Marseille, Milan.

REMERCIEMENTS / ACKNOWLEDGEMENTS:

Big up à nos familles, nos amis (même nos ennemis), clients (même les gros véreux), fournisseurs (même les superfoireux), collaborateurs d'un temps (même les «traîtres»), stagiaires & étudiants (même les garçons), journalistes presse, TV & radio (et même les Parisiens) qui, depuis plus de dix ans, ont jalonné nos pérégrinations «tous d k-iennes»... C'est aussi grâce à vous qu'on est encore là.

CRÉDITS / CREDITS:

Design graphique et photographique / Graphic and photographic design:
made in Marseille by tous des K.
Avec l'aimable autorisation de / With the kind participation of:
361, p. 21 • Akhenaton, pp. 20, 50-51, 52-53, 54-55 • Alchimy, pp. 20, 44-45, 46-47, 50-51, 52-53, 54-55, 58-59, 60-61 • A.M.I., pp. 42-43, 58 • APCLD, Association pour les personnes malades et handicapées de la Poste et de France Télécom, pp. 76-77 • Ballet Preljocaj, pp. 86-87 • Lyonnel Bouard, p. 19 • Michel Bresson, pp. 16-17 • Café Julien, p. 73 • Centre chorégraphique national du Havre Haute-Normandie, pp. 84, 90-91 • Chiens de paille, p. 61 • Citadium - Paris, pp. 74-75 • CNAC/ministère de la Culture et de la Communication, p. 26 • D.C.A., pp. 88-89 • Desmo prod, p. 72 • Doctor Jekyll, p. 16-17 • Féeries urbaines, pp. 66-67, 82-83 • Festival Jazz des 5 continents, p. 27 • Gabriel Massol, pp. 16-17 • Grossomodo et Fabrice Guardascione (www.grossomodo.net), pp. 28-29, 30-31, 39, 57, 78 • Hostile, une division d'EMI Music - France, p. 59 • IAM, pp. 44-45, 46-47, 58 • Institut Mode Méditerranée, pp. 16-17 • Karwann, Cité des arts de la rue, pp. 57, 80-81 • Christophe Laroussi, p. 21 • Logistic records, pp. 32-33, 34-35, 36-37 • Manon Martin, pp. 16-17 • Agence MIA, Marseille, pp. 74-75 • No Void, p. 38 • Orchestre des jeunes de la Méditerranée, pp. 24-25 • Production COMARC/Paul Fragier, pp. 40-41 • Psy 4 de la rime, p. 60 • Sad Hyll, p. 21 • Salomon, pp. 22-23 • SARL Tcheka, Marseille, p. 85 • Shurik'n, p. 59 • Soosol, pp. 48-49 • Trolleybus, pp. 64-65 • Zeugma (webmaster), pp. 20-21.

L'éditeur tient également à remercier / The publisher would also like to thank:
Alexandra Araud, Florent Bernard, Stéphanie d'Anna, Zoé Deshais, Clara de Fabritris, Estelle Jousset, Topolino Raynaud, Fred Rémuzat, Tim Rippert, Véronique Mavilla.